Izhaar e alfaaz

Bhagyashri

BLUEROSE PUBLISHERS
India | U.K.

Copyright © Bhagyashri 2023

All rights reserved by author. No part of this publication may be reproduced, stored in a retrieval system or transmitted in any form or by any means, electronic, mechanical, photocopying, recording or otherwise, without the prior permission of the author. Although every precaution has been taken to verify the accuracy of the information contained herein, the publisher assume no responsibility for any errors or omissions. No liability is assumed for damages that may result from the use of information contained within.

BlueRose Publishers takes no responsibility for any damages, losses, or liabilities that may arise from the use or misuse of the information, products, or services provided in this publication.

For permissions requests or inquiries regarding this publication, please contact:

BLUEROSE PUBLISHERS
www.BlueRoseONE.com
info@bluerosepublishers.com
+91 8882 898 898
+4407342408967

ISBN: 978-93-5741-654-2

Cover design: Tahira
Typesetting: Tanya Raj Upadhyay

First Edition: August 2023

Izhaar e Alfaz

Ishq yesa hai mera ki naa milu use to wo intezaar karta hai.. Naa bolu use to wo bulata hai.. Naa gussa hota hai aur naa satata hai, Naa muje ishq me ruswa krta hai, Aur naa bewafa hota hai.. Jab koi nahi hota hai paas tab wo thaam leta hai.. Itni shiddat se wo muje mohabbat krta hai ki uske har rang me rang jaane ko dil karta hai.. Kyuki itna pyar to sirf mujse mera Khuda mera Allah krta hai..!!!

Apne mazhab se bada Ishq samaj baithi, kyu mai itni badi khata kar baithi, kisi aur ke ishq me mai Khuda tujse dur ja baithi, tabhi to adhuri reh gayi meri pehli mohabbat mai tujse bhi jada mohabbat kisi aur se karke Shirk jesa gunah kar baithi..!!!

Ishq me nakaam huye hum is kadar. Tahajjud padne lage hum umar bhar..!!!

Teri mohabbat ne muje mere khuda ke kareeb laya hai. Mai kese khud ko badnaseeb keh du, Tuje kho kr hi to maine mera naseeb paya hai..!!!

Ladki hu mai ye ehsaas muje dilaya kyu jata hai.. Kya karna hai muje aur kya nahi ye muje bataya kyu jata hai.. Kisi ke ghr ki ijjat hu mai to kisi ke ghr ki ijjat banungi mai ye muje jataya kyu jata hai.. Mai bhi to hu ek chabbi insan ki kyu yesa muje dikhaya nahi jata hai.. Puchna padta hai sab kuc hum ladkiyo ko kyu

Ladko ko ache sanskaro me dhala nahi jata hai.. Dupatta na sarke mera kabhi seene se ye hidayat di jati hai muje to ladko ko apni najro ki hifazat karna sikhaya kyu nahi jata hai.. Khana banana aata hai ya nahi ye kyu sirf ladkiyo se pucha jata hai kya bhuke rehte hai ladke jo unse kabhi ye sawal pucha nahi jata hai..!!!

Tera naam btayu kisko jo tu hai wo mere dil me hai. Tere jazbaat dikhayu kisko jo tu hai wo meri saanso me hai. Itni shiddat ki mohabbat hai muje tujse ye mai tuje kyu btayu jo tu hai wo meri tahajjud ki namazo me hai. Khud samj le tu kya hai mere liye kyuki tera mera talluk to sirf mere Allah ki bargah me hai..!!!

Puri nahi padti ab is dunia ki mohabbat. Muje ishq ki aur pyas hai. Rubaru hu mai tere tu kahi mere hi paas hai. Sajde me tere sukoon hai. Yaa Khuda muje maut bhi tere sajde me Qubool hai..!!!

Tasbeeh pe padu tera naam yese ki tu meri ibaadat ban jaye.. Namazo me mangu tuje yese ki tu meri zindagi ban jaye.. Ho tujse yesi paak mohabbat muje ki tuje paane ki aas me tahajjud meri adat ban jaye..!!!

Ki tumhare sath muje Qubool hai Qubool hai tak ka safar pana hai.. Tumhara haath pakad ke kaabe tak jana hai, Apne har pal me tumko lana hai.. Ki tumhare sath muje Qubool hai Qubool hai tak ka safar pana hai..

tumhare sath muje tahajjud aada karna hai, Fajar tak sirf tumko dekhna hai, Mukammal Quran tumhre sath karna hai ki tumhare sath muje Qubool hai Qubool hai tak ka safar pana hai..

Janamaz pe Tumhre paas baithna hai, Shohar ka rutwa de kar tumhri biwi banna hai.. Ki tumhare sath muje Qubool hai Qubool hai tak ka safar pana hai..

tapti garmi me tumhre liye khana bana kar tumhre sath zohar aada karni hai, Tumhare sath maazi ki har yaade bhula kar asar tak tumhara sath pana hai.. Ki tumhare sath muje Qubool hai Qubool hai tak ka safar pana hai.

Ek cup pyali chai pe ho humara basera magrib me chahiye muje tumhra sahara.. Tumhe mai aur kese maangu muje apna har lamha tumhre sath gujarna hai..

Ki tumhare sath muje Qubool hai Qubool hai tak ka safar pana hai.. Raat ki namaz kaza na ho meri muje tumhara sath isha ki namaz tak paana hai.

Ki tumhare sath muje Qubool hai Qubool hai tak ka safar pana hai..!!!

Mere gunah bhi mohabbat me huye hai.. Hum giraftar bhi tere ishq me huye hai.. Teri in nasheeli ankho ki gustaaki hai saari jo hum mehfuz bhi teri amaan me huye hai..!!!

Ki Tuje ishq hai mujse to bol de yu naa nazar bharke tu dekh. Tuje sath hai chalna to bolde yu naa mera picha tu kr. Ki tuje ishq hai mujse to bolde yu naa nazar bharke tu dekh.

Teri khusboo ko pehchanti hu mai tere saye se na anjaan hu mai. Tuje ishq hai to bolde yu na kareeb ane ki tu koshish kr. Ki tujhe Ishq hai mujse to bolde par yu naa nazar bhar ke tu dekh.

 Kano ko teri awaaz sunai padti hai, nazro ko teri parchai nazar aati hai, tere har ek andaaz se sanam waqif hu mai yu na tu hairan hoke dekh. Ki Tuje ishq hai mujse to bolde yu naa nazar bhar ke tu dekh.

Teri har aada ki deewani mai bhi hu, tu ye samaj le tere intezaar me mai bhi hu, mai hu thodi zalim si par tere ishq me mai bhi hu deewani si ,tu paas ake to dekh. Ki tuje ishq hai mujse to bolde par yu naa nazar bhar ke tu dekh..!!!

Chand tu rahe mera mai teri chandni ban jayu..
Hotho pe jo rahe tere mai wo muskan ban jayu..

Teri Khushi ke liye luta du mai khud ko yesi mai teri Qurbani ban jayu.. Piya tu mera shohar aur mai teri biwi ban jayu..!!!

Aye khuda sambhal le muje ye dil fir se mohabbat karne chala hai.. Adhuri reh jati hai meri har Mohabbat ye jaan ke bhi dil firse gunah ki raah pe chala hai.. Ho na jayu mai firse kaafir dekh le maula kyuki is baar mera mehboob muje mere deen me mila hai..!!!

Ab koi etbaar ke layak nahi lgta. Sab farebi lgte hai, ishq kre bhi to kisse sab bewafa hi lgte hai. Ishq ki pakad bahut tez hoti hai humpe galib, hum jo nazar milaye to sab rangeen hi lgte hai..!!!

Tu kyu na mila muje pehle kahi hum bhi khoye the naa jane kahi.. Tut ke bhikhre hai jab hum yahi tu bhi hai aas paas yahi kahi.. Tu kyu na mila muje pehle kahi hum bhi khoye the naa jane kahi….

Tuje paa na sakenge ab hum kahi, kisi ke thukraye hai hum yahi kahi.. Lafzo se tuje kya kahe hum tere hi ho gaye hai yahi kahi.. Tu kyu na mila muje pehle kahi hum bhi khoye the naa jane kahi..

Tera didaar bhi hua hai hume yahi to tujko kese payu mai aur kahi.. Tu paas ake bhi kya karega jab hum khud tute hai tere baajuon me kahi.. Tu kyu na mila muje pehle kahi hum bhi khoye the naa jane kahi..!!!

Nazar me sabki mai thi, isliye katal e aam thi. Koi puche mujse diwangi ki hadd mai jo thi wo sare aam thi..!!!

Dekhe muje teri ye nazar to mai hi kyu nazre jhukayu.. Ghar se dupatta leke mai hi kyu bahar jayu..

Parde ka hukum hai jo hum aurato ko to nazro ke parde ka hukum bhi hai mardo ko hidayat hai unhe

Rab ki to unse mai hi kyu ghabraun.. Har raste pe har chaurahe pe mai un ghatia logo ko hi kyu payu kya nahi hai unke ghr me behan betiya jo mai unse tauba karwayu.. Kehte hai mard jo apni jawani me karta hai, uska sila uski behan betiyo ko milta hai to kyu na is khauf se mai mardo ka dil ghabraun.. Agar paa le mard hidayat apni harkato se to use khubsurat kuc nahi mard bahut pyari chiz hai kya mai use ye batayu..!!!

Rehne de tu muje apni amaan me kahi.. Shamil ho jaa tu mere lamhe me har kahi.. Juda naa ho tu mujse Qayamat me kahi.. Yesa tu rahe mere rubaru har kahi..!!!

Mohabbat jo ek ehsaas hai ye itna kyu khas hai..
Didar e mehboob hai jo wo itna ku paas hai.. Uski
khusbo se hi usko mehsoos krna ye itna kyu aam hai..
Lafzo me humesha uska ku naam hai.. Uff ye
mohabbat ki muje itni kyu pyas hai na dekhu mai use
to ye dil ku udaas hai..!!!

Aye hawao tum yu na chalo ki kahi madhosh na ho
jayu mai.. Kisi ki Mohabbat me khoyi hu kahi Gum
naam na hojayu mai. Dheeme dheeme chal aye hawa
kahi tham na jayu mai. Mehboob mera roz hi milta
hai kahi behak na jayu mai..!!!

Chulbuli si hu mai thodi, muje shararate pasand hai.
Dunia ki bheed se hu mai juda muje tanhaiya pasand
hai.

Alag hi dunia se hu mai muje logo se talluk nahi
balki unki nafrate pasand hai. Mohabbat me tuti hu
mai is kadar ki ab pyar nahi muje dushmani pasand
hai. Wese to mai nashe me hi rehti hu kisi ke isliye
muje inteqaam ki aag pasand hai. Khauf naa khao
mujse mere yaaro dil bhale hi tuta hai mera par aaj
bhi muje ishq pasand hai..!!!

Hum shayaro ki kahani bhi alag hoti hai. Khuli kitab hoti hai humri zindagi aur dunia me humri ruswai

hoti hai. Log kya kahenge, log kya sochenge hum in sabse bahut dur hote hai. Hum khoye hote hai khud hi me aur humri tanhai hi rangeen hoti hai. Aasal me hume kisi se ishq hota hi kaha hai, hum to bas apne tasabbur me hi hote hai, kuc hi pal me hume koi acha lagne lagta hai aur agle hi pal me hum use bore ho jate hai kyuki hume sirf apni tanhai pasand hoti hai. Humre tasabbur ki takhat hi bahut umda hoti hai,

humre tasabbur me hi ishq hota hai jaha hume bewafai milti hai. Mile agar koi Humsafar to hath me

humre chai ki pyali hoti hai. Ankho me uske dekhe to labo pe humre Do kash aur ungaliyo me charas hoti hai. Koi hume ye naa soche ki hum kese hai, ki khoye hai hum khud hi ke ishq me naa jaane hum kese hai..!!!

Uff ye aada jo madhosh kar jaye.. Uff ye nazaare jo hairaan kar jaye.. Teri ek nazar hi kaafi hai mere yaar jo dekhe tu muje mera katal hi kar jaye..!!!

Ek din khud ko mai azaad kar dungi. Dunia ki bheed se dur jaake khud ko madhosh kar dungi.

Dam ghutta hai mera insaano ke bich, ek din mai khud ko alag hawa me chord dungi. Bahut mohabbat hai muje Apni tanhaiyon se, ek din mai insaano ki bheed ko khatam kar dungi. Bahut gumaan hai muje apne insaan hone par, ek din mai haiwaniyat dikhakar jaanwaro ko hairaan kar dungi..!!!

Khud me khud ko talash kr tu. Yu na khud ko zaya kr tu. Nawazish hai tuj pe tere rab ki uski rehmato par aakida rakh tu..!!!

Bepanah mohabbat hai apne Rab se zikar sirf uska karungi.. Yu to mohabbato par kitabe bayan hai bahut.. Magar mai tilawat sirf Quran ki karungi..!!!

Maine to mardo ko ek aurat ka sahara bante huye dekha hai, to fir ye kon se mard hai jo aurat ko besahara chord jaate hai. Maine to aurat par mardo ka saya laazmi suna hai, to ye kon se mard hai jo aurat ko apni hawas ke saye me laate hai. Maine to mardo ko aurat ke sar par dupatta dalte huye dekha hai, to ye kon se mard hai jo aurat ke kapde faadte hai. Maine to humesha yahi suna hai ki ek mard ka imaan ek aurat ke imaan se kahi jada buland hota hai, to ye kon se mard hai jinke dil me rape karne ke khayal aate hai. Maine to mardo ko apne haatho ki kalai pe rakhi bandhwate huye dekha hai, to ye kon se mard hai jo dusre ki behan ko gandi nazar se dekhte hai. Apni behan ki hifazat ki kasam khaa ke dusre ki behan ko bich raste me chedte hai. Apne ek haath me rakhi bandhwa kar dusre hi haath se kisi ki behan ka dupatta hawa me uchaalte hai.

Mai kese keh du ki mard bura hai are maine to mardo ko aurat ke aansu pochte huye dekha hai, to ye kon se mard hai jo ek aurat ko apni biwi banake ghar laake jaanwaro ki tarha marte hai, Maine to mardo ko aurat ki jaan ki hifazat karte huye dekha hai, to batao muje ye kon se mard hai jo dahej ke naam pe ek aurat ko jinda jala dete hai. Khauf khaati hu abto mai mardo ke naam se kese etbaar karu mai unpe. Maine to mardo ko ek insaan ke roop me jana tha to batao muje ye kon se mard hai jo haiwaano ki shakal me ghumte hai..!!!

Agar maangta hai faqir to dil se deta wo duaen hai..
Agar maangta hai faqir to dil se deta wo duaen hai..
Tere bure waqt me tera sadqa hi tera saya hai..!!!

Nazar milake pyar ki nazar se dekh. Paas ake dil ki ghehraiyiyon se dekh. Kya hai mere dil ki kaifiyat jara seene se laga kar ke to dekh..!!!

Teri mohabbat me ek dhun sawar rehti hai. Teri ek jhalak ke liye ye nazar bekarar rehti hai..!!!

Chlo aaj purane aashiqo ko jara yaad kiya jaye.. Wo bhi ek daur tha humra usko bhi thoda jiya jaye..

Kehne ko to bache the hum lekin kya the hum tafri me ye bhi thoda bataya jaye.. Raaz se thoda parda

aaj hataya jaye.. Aashiq sirf wahi nahi the humre thode hum bhi the unke diwane aaj ye unko jara bataya jaye..!!!

Tera milna ek haadsa tha meri rooh ke sath. Tera so jana ek gunah tha mere jism ke sath..!!!

Naseeb ki to kya kahe galib tuje kho diya paane ke baad. Tujse juda huye tere hone ke baad. Ye naseeb hi to hai jo tere na huye tere hone ke baad..!!!

Tere ishq me mashhur hum ho gaye, Fasane to tere the par ruswa hum ho gaye..!!!

Hosh me nahi hume madhosh hi rehne do. Zindagi ki haqeeqat se mehroom hi rehne do. Juthe hai khawab mere khabar hai muje dunia ki sachai se muje bekhabar hi rehne do..!!!

Mutmayin hai hum teri raza me razi hai hum. Tu ata kar na kar tere dar par hazir hai hum..!!!

Dhuaa dhuaa sa rehne do. Thoda dhamal karne do. Teri sarkashi me galib hume madhosh rehne do..!!!

Tune ched diye hai dil ke taar saare. Tune ched diye hai dil ke taar saare. Khil uthe hai roshan gulabo ke nagme saare..!!!

Talash e zehmat na kr didar e rab ki roshan hai ayate mere khuda ki..!!!

Aaye hai log pehle bhi jo khud ko khuda kehte the. Aaye hai log pehle bhi jo khud ko khuda kehte the. Anjaam jo hua unka to usko nasihat kehte hai..!!!

Muje logo ki hai na parwah mai khud me akida hu.
Anjaam e mohabbat me mai khud us se juda hu..!!!

Muddato ke baad tabdeel hua hai mausam aaj. Muddato ke baad tabdeel hua hai mausam aaj mera mehtaabh ghira hai badalo me aaj..!!!

Na parwah hai muje logo ki na parwah hai muje anjaam ki. Na parwah hai muje logo ki na parwah hai muje anjaam ki. Apne taruf me mai kya kahu beparwah hu mai saare jahan ki..!!!

Udane ke liye par nhi humare iraade hi kafi hai. Tum kya khaq hume todoge hume jodne ke liye humare hosale hi kafi hai..!!!

Khwahish hai teri sohbat ki. Talaash hai teri mohabbat ki. Yu hi na mar mite hai hum tujpe tu aaftabh hai is hayat ki..!!!

Saanso ki dor tumse judi hai. Tere bin ye zindagi adhuri hai. Kese jiyu mai tere bin meri har dhadkan teri saans se judi hai..!!!

Teri tasveer ki ibadat karu to kaafir ban jayu. Teri sohbat me rahu to tera musafir ban jayu..!!!

Maine teri Mohabbat me har wo kaam kiya jo gunah tha mere khuda ki nazar me. Tujko apne Rab se bhi jada chaha jo shirk tha mere khuda ki nazar me. Itna krke bhi na paya maine tuje, par dekh jara se anshu kya bahaye maine wo tauba ho gayi mere khuda ki nazar me..!!!

Nayi hawao ki sohbat me parinde bigad jate hai. Khul jaye jo pinjra to panchi udd jate hai zurm karna kusur hai gar insan ka jo saza na mile to gunah akhirat bigaad jate hai..!!!

Mohabbat me teri wafa hai meri, Saanso me teri jafa hai meri. Yu hi magrur nhi hai ishq me tere , Mere har gurur ki khata hai teri..!!!

Safar to yu hi aasan rahe. Mera aaftabh mere sath rahe. Yu sath chale to aa hi jayega mukam maza to tab hai jab safar me hamnava sath rahe..!!!

Teri saadgi me tujpe mar mite hai hum. Tere huye na hai fir bhi tere ho gye hai hum. Kehne ko to ajnabi hai hum par fir bhi tujpe qurban hogye hai hum..!!!

Khawahishe seene me dab gyi hai meri. Yaade dil me dafan ho gyi hai teri. Ab kuc baaki na raha hai humre darmiyan. Tuje paane ki zid bhi ab tut gyi hai meri..!!!

Gustaaki maaf krna hume yu na dil se saaf krna. Apno pe sitam karke gairo pe na karam karna..!!!

4 log kya khahenge tu uas par tabajjo na dena. Mere mehboob tu mohabbat me apni had paar na krna. Ye duniya hai kuc to log khahenge in logo ki tu parwah na karna..!!!

Nawajish hai pehle ishq ki mujpe ki ab kabhi izhaar e mohabbat naa hoga. Tuje nazro se samjna hai to samaj le nikah me mere sirf tere liye hi Qubool hai Qubool hai rahega..!!!

Tere khayal se bhi mehak jati hai saanse meri. Teri aahat pe chauk jati hai dhadkan meri. Tu hai ya hai koi hawa ka jhoka. Jo tuje na dekhu to saans ruk jati hai meri..!!!

Aadavat tujse karenge to ishq kaha karenge. Aadavat tujse karenge to ishq kaha karenge. Bade kamjarf hai hum ishq me galib jo kinara tujse karenge to mushaira kaha karenge..!!!

Sheharo ki bheed me ghum ho gye hai rishte pehle jese ab log kaha hai.. Jo thi pehle baate ab wo dhundli yaade kaha hai.. Mehroom hai ab unse humre saye sarparast ab humre kaha hai.. Kehne ko to thi sirf yaade par ab wo Mohabbat kaha hai..!!!

Wo pehla dost tha mera.. Hayat me meri aaftaab tha mera.. Mukhatib tha wo har lehje se mere isliye to har dhoop ke baad wo thanda mehtaab tha mera..!!!

Jo dikhaya gaya wo sach kaha.. Jo bataya gaya wo sach kaha.. Tere labo par khuda ka wo khauf kaha.. Saazish e raaz me insaniyat kaha.. Baithe hai hum kinare pe hume ab doob jaane ka dar kaha..!!!

Kabhi kabhi khud ki hi pehchan chupani padti hai.. Kyu dunia ke khauf se apni hi awaaz dawani padti hai.. Ladki hu mai kyu logo ko ye baat jatani padti hai.. Khule aasmaan ka parinda hu mai to kyu apne hi pankho ki udaan chupani padti hai..!!!

Hamari mohtazi ka aalam kuc yu waya krte hai.. Puche jab koi haal humra to hum hath faila diya krte hai..!!!

Mohabbat wo ehsaas hai jo sabke dil me hota nahi.. Aur jise ho jaye wo bina roye rehta nahi.. Mehboob ke dil me bas humri hi arzoo ho yahi ek chahat me mashuk sota nahi..!!!

Mohabbat to bahut ki humne is jamane me par har mohabbat adhuri reh gyi.. Koi nahi hai tere siwa ye baat aaj Qayamat me nazar aa gyi.. Rubaru to bahut thi mere Allah tujse par is dunia ki roshni me mai kho si gayi.. Gunahgar thi mai ye baat teri taufeek se aaj Qubool ho gayi..!!!

Muddato baad aaj koi pasand aya hai.. Keh du use dil ki baat ye khayal aya hai.. Uski sohbat me rehne ko dil me junoon aya hai.. Bas jayu uske dil me bhi mai ye ek khwab haseen aya hai..!!!

Azaadi nahi muje bandagi pasand hai.. Khula aasmaan nahi muje pinjra pasand hai.. Kya krna khuli hawa me saans leke jab mujhe wo ghutan wali aahe pasand hai..!!!

Hum wo aashiq nahi janab jo tere sitam has ke sahenge.. Jesa tu karega wesa tere sath sanam hum bhi krenge, tu dega gar dhoka hume to sitam hum bhi krenge.. Kya krna acha banke is dunia me jesi hai Duniya ab hum bhi janam wese hi rahenge..!!!

Ku tujse itni mohabbat hoti jaa rahi hai.. Kesi hai teri kashish jo dil me samaye jaa rahi hai.. Tu rahe

Ankho ke samne humesha ku ye arzoo dil ko hoti jaa rahi hai.. Aaj kal Khuda se bhi jada labo pe zikar ku tera hota jaa raha hai.. Kuc kahu na kahu ye kis kashmakash pe fasa hai dil ab is dil ka kya kru jisme din wa din jagah teri hoti jaa rahi hai..!!!

Jahalat ka to kuc yu alam hai janab ki na dosti sachi aur na mohabbat apni.. Kehdu gar mai ye ki na ye dunia achi aur na mai sachi.. Kehna galat nahi hoga ye ki koi nahi yha apna kyuki naa mai kisi ki apni na koi mera yha apna..!!!

Ek pal ke liye tu saare shiqwe bhula de.. Mil jaa tu ek baar aur muje seene se laga le..!!!

Ishq jo karu mai kisi se to usko dunia se cheen ne ki kubbat rakhti hu. Sanki hu mai thodi mai khud ko bhi khaaq me milane ki himmat rakhti hu..!!!

Tuje paa lenge hum ye aas laga baithe hai.. Ishq me apni aukaat bhula baithe hai..!!!

Dunia ki bheed me akeli thi mai.. Apni maa ki godh me puri thi mai..!!!

Mohabbat me hume wo mukaam na mila.. Jesi khwahish thi wesa insan na mila .!!!

Mashaqqat se dil sirf usko chahta hai.. Kese kare iqrar ye samaj nahi aata hai.. Yu to tamanna thi zine ki lekin mohabbat me uski ab fana hone ko dil chahta hai..!!!

Dil ki khwahish adhuri reh gayi.. Mai teri mohabbat se mehroom reh gayi.. Dil ke kone me teri tasveer reh gayi.. Khoya jo tujko meri saanson se duri ho gayi..!!!

Hawas me dil ki riwayaat hi alag hai.. Jism chune ke baad yaad aya mazhab hi alag hai..!!!

Is bedard dunia me hum khamosh hi ache hai.. Mukammal naa sahi hum adhure hi ache hai..!!!

Rukhsat ho gaye wo zindagi se kuc is kadar.. Ki ishq se mehroom reh gaye hum umar bhar..!!!

Ankho me mere ye bharam rehne do.. Khwab me tum mere ho muje sone do..!!!

Barso tarse hai teri ek jhalak ke liye, Kyu tuje ye samaj na aya ek minute ke liye..!!!

Apna gurur apne paas rakho, Behudgi hume bhi bahut aati hai jara ye bhi khayal rakho ..!!!

Jabardasti hi ishq me pade the, Tuje paa ke mukammal hone lage the..!!!

Faisla tera tha chord jane ka.. Saazish meri thi tuje pane ki.. Kyu na rahu mai tere ru-baru jab adaye thi teri muje rijhane ki..!!!

Choti si to dunia hai isme bhi nafrat bhar denge to pyar kaha krenge.. Ek tu hi to hai apna tujse dur jayenge to dil lagi kaha karenge..!!!

Roz tuje dua me maanga kesi hai ye mohabbat meri.. Ho samne jab tu to najre jhukana kesi hai ye fitrat meri..!!!

Har roz tu muje kyu milta nahi.. Tuje na dekhu to dil mera ye khilta nahi.. Naa dikh kr jo tu karta hai sitam muj par dekh sanam intezaar me tere ye nain jhapakte nahi..!!!

Kaano ko teri hi dhun sanai padti hai.. Ankho ko har waqt teri hi surat dikhai deti hai.. Ye mohabbat bhi naa jane kesi hai tujse jo har jagah teri hi chabbi dikhai deti hai..!!!

Tuje dekhe bina dil udas ku hai.. Tuje sune bina dil me dard kyu hai.. Kesi hai teri sohbat jo tuje dekhu bhi to dil besukoon ku hai..!!!

Mere dil me kyu teri chahat hoti jaa rahi hai.. Is kadar ki tuje na dekhu to mayus ho jati hu, aur jab tuje dekhu to khamosh ho jati hu.. Mai tuje dekhu par tu na muje dekhe ye sazish rehti hai meri , mai tuje dekhu aur tu na muje dekhe ye sazish rehti hai meri.. Dekh teri sohbat me mai kitni sazishi hoti jaa rahi hu..!!!

Tuje dekh kr gunah hota hai mujse kyu ki Rab se jada zikar tera aata hai labo pe mere.. Wese to dua rehti hai meri ki tu nazar na aye muje kahi bhi , wese to dua rehti hai meri ki tu nazar naa aye kahi bhi to fir kyu nazro ko har waqt intejar rehta hai tera..!!!

Dil me ek tufaan sa laga hai, paa ke tuje kho na du ye khauf laga hai, armaan mere tuje pane ke hai, fir kyu mere dil ke dariya me sailaab sa utha hai..!!!

Meri tanhai muje le jati hai teri yaado ke paas, tera zikar jab ata hai mere laboo ke paas.. Nahi pata tha tere kareeb ho jayenge hum is kadar jese pyasa aata hai kisi dariya ke paas..!!!

Aaftabh se ho tum hayat me meri, Tum na ho to jindaal si hai ye dunia saari..!!!

Mayusi ka alam hai thoda khamosh rehne do muje..
Apne hi bajuo se muje khud ko kandha dene do..!!!

Khamosh hu mai dil shor kar raha hai, tere ishq me mashur hai dil khwab tere chori kr raha hai..!!!

Zindagi ke rasto me ruk ruk kr khud ko sambhalti hu itne jakham diye hai logo ne ki ab apno se bhi khauf khati hu..!!!

Hosh me nhi hume madhosh hi rehne do. Zindagi ki haqikat se mehroom hi rehne do. Juthe hai khawab mere khabar hai muje, Dunia ki sachai se muje bekhabar hi rehne do..!!!

Kahani to saari jismo ki hoti hai. Barna mohabbat to sirf nikah ke baad hoti hai. Kisi se ishq krna gunah nhi, gunah to tab hai jab mohabbat me humbistari hoti hai..!!!

Bepanah ishq karti thi mai tumse suna naa tumne karti thi..???

Aaj kal dil mera kahi kyu lgta nahi hai. Muje hota kya jaa raha hai ye samaj kyu aata nahi hai. Dil me kuc to hai mere jo labbo pe aata nahi hai. Nazre dhundti to hai kisi ko magar samne wo kabhi aata nahi hai. Kya chahiye hai muje kya nahi kis kashmakash me fas gyi hu mai. Mohabbat hai meri ya sirf aashiqi hai dil kyu mera ye batata nahi hai..!!!

Sharam lihaz ye sab kuc kya hai hum jante nahi hai. Hum thode rangeen mijaz hai isliye hum sab ko bhate nahi hai..!!!

Dunia ki bheed me aaj bhi bhatak rahi hu mai. Ishq tujse aaj bhi kam kar rahi hu mai..!!!

Kuc to baat hai teri ankho me jo tera dekhna bhi acha lgta hai. Kuc to baat hai tuj me jo tera hona acha lgta hai. Tere liye hum dil se gaye is jahan se gaye kuc to baat hai is ishq me jo fana hona acha lgta hai..!!!

Takalluf naa kr yu dekhne ka. Hum khud teri najar ke kayal hai. Tere dekhne se khil uthe hai hum. Teri najar ke yese diwane hai..!!!

Har bar ishq karte hai har baar dil tudwa dete hai. Kitne kamzarf ho gaye hai hum ishq me galib, khud hi ko choth de kar khud hi muskura dete hai..!!!

Kuc din yuhi nikal jaate, kuc shaame yuhi beet jati hai, kisi ke intezaar me najre bicha ke hum baithe hai, aur ye aankhe yu hi nam ho jati hai..!!!

Tere ishq me bezaar ho ke humne khud ki ruswai khud hi karli, Itna tut ke chaha humne tuje ki hum khud hi ke katal ke gunehgar ho gye..!!!

Gairo ko to yu hi badnaam kiya gaya hai dard to apne dete hai. Gair kabhi dil nahi dukhata dil to kewal apne hi todte hai..!!!

Teri saari harkate samaj aati hai muje, tera yu dekhna behkata hai muje, tere dil me jo bhi hai sab samjti hu, tera yu picha karna bahut raas aata hai muje..!!!

Ishq me hidayat nahi hoti bandagi hoti hai. Mehboob ke khatir dil me dillagi hoti hai. Dekhu jo uska chehra to dhadkano me hulchul hoti hai. Kho na jayu uski aagosh me is baat ki bechaini hoti hai..!!!

Humse rabta naa kiya karo yaaro, ki hum har waqt nashe me rehte hai. Sharab ka nasha ab nahi hota hume, hum to bas apne mehboob ki aankho ka jaam pite hai..!!!

Ishq ki buniyad daal di hai maine, Jara tum bhi apna hissa daal do na, Dekho naa hum juda hai jara tum bhi paas aa jao na..!!!

Sidha mat samajna muje mai Bahut gunaho se tauba kar ke yaha talak ayi hu, Barna aaj jo haath duaon me uthte hai, kal wo kisi ke katal me bhi uth sakte hai..!!!

Khuli kitab ki tarha hai hayat meri, jo kiya sareaam kiya jo karenge aage wo bhi sareaam karenge, Khuda ke siwa kisi ka khauf nahi mujme, kisi se kuc chupane se kya hi fayda yaha kon hi dhudh ka dhula , fark sirf itna hai janab ki sab naqab posh hai yha hum bas benaqab hai, kisi se koi gila ab to hume nahi , kyuki yaha har insaan hi namurad hai, nawazish ab itni hai logo ki hum pe ki ab hum bhi wafadaar kaha hai..!!!

Kahani meri sabko pata hai par sachai meri sirf khuda janta hai. Bahut haste huye dikhti hu mai logo ko is hasi ke piche ka dard sirf mera Rab janta hai. Meri in ankho ne naa jane kitne hi aansu chupa kar rakhe

hai, mile koi humsafar to uska sailab sirf wahi janta hai..!!!

Apni life me bheed muje jada pasand nahi. Har insan se has ke baat mai karu yesi meri fitrat nahi.

Tumhari har khushi me mai tumhare sath rahu yesa kabhi mumkin nahi. Lekin dukh me mai tumhe tanha chord jayu yese mere sanskaar nahi. Straight forward hu mai waar samne se karti hu peeth me khanjar bhokna muje aata nahi. Dil me mohabbat leke chalti hu par har kisi se Ishq ho jayey esa mera Dil nahi.

Dost kam hai mere aur dushman jada kyu ki gulami karna muje kisi ki aata nahi. Apne liye jeeti hu mai har kisi ko khush rakhu yese mere jazbaat nahi…!!!

I think mai is dunia ki sabse khush naseeb ladki hu jo ladki hoke apni life ko apni pasand ko khul ke zahir kar sakti hu apni family ke samne so mai apni pyari si family ko kuc kehna chahti hu jo mai nahi bol paati kuc jada hi gusse wali hu mai apna pyar kabhi zahir nahi kar paati apne shayrana andaaz me kuc bolna chahti hu mai to sune jara..!!!

"Ki kese utarungi mai tum logo ka karz muje nahi pata. Mai agar khud ko bech bhi du tab bhi tum logo ka haq aada nahi kar paungi. Maine to logo ko unke beto ke liye itna karte dekha hai, kese bataungi mai Qayamat me ki muje har janam tum logo ko hi pana hai. Meri har ghatia zidd ko pura karke muje apne itne sar chadaya hai,

Mera gussa, mera break up, mera tuta hua dil, sab tum logo ne hi to sambhala hai, Are jaha pe mazhab badal lene par maar dete hai apni betiyo ko log tum logo ne mera waha bhi saath nibhaya hai.

Kese bataungi mai Qayamat me ki muje har janam sirf tum logo ko hi pana hai. Boyfriend ne jab dhoka diya dosto ne jab daga kiya, tab tum logo ne hi samjaya tha,

kya hai ye zindagi jeena shayad tum logo ne hi bataya tha. Ladki hu mai ye ehsaas muje kabhi tum logo ne naa dilaya tha. Khush hoke raho apne liye jiyo ye tum ne hi to bataya tha. Haa mai thodi gusse wali hu apna pyar kabhi jata nahi paati par tum logo se bahut pyar karti hu mai ye kabhi dikha nahi paati..!!!"

Ek Ladki ki zindagi me Agar koi mard sach me mohabbat ko wafadari se nibhata hai to wo sirf uska papa hi hota hai to papa kuc line tumhre liye..

For my papa :--

Tumhari hi beti hu haa papa mai tumhari hi to parchai hu. Aaj mai yaha hu par naa jane ab tum kaha ho. Dekho naa muje mai aaj bhi bachkaani hu. Aaj bhi muje shirt ke button thik se band karne nahi aate, aaj bhi mai khud se jutte ka Riven baandhna nahi janti, Papa tum kaha ho mai aaj bhi road cross karna nahi janti. Aaj bhi khana khane ke baad mai apna hath apne kapdo me hi pochti hu. Aaj bhi mai tumhari wo daat yaad karti hu. Meri Eid pe ab simayiya banane wala koi nahi hai ab muje pehalwan kehne wala koi nahi hai. Kyu gaye tum chord kar muje ab koi paiso ki ehmiyat batane wala nahi hai. Upar wale ke ghr se wapas aa jao naa papa kahi mai bahut awaara naa ho jayu kyuki ab mere sar pe tumhare jesa

haath rakhne wala koi nahi hai..!!!

So ab muje thodi si hasi aa rahi hai. kyuki mai ab apne ex ke baare me kuc likhna chahti hu. wese itna bhi bura nahi tha wo ki kuc likhne ke layak hi naa rahe use bas kuc kehna hai. muje pata hai wo ye padega jarur So kuc line tumhre liye..!!!

"Tum meri zidd the tum mera junoon the. Tumhari kuc baate yaad karke aankhe aaj bhi nam ho jati hai meri. Lekin yaad ab mai tumhe nahi karti. Kuc nahi badla hai aaj bhi mujme, par ek baat jarur badal gayi hai wo tumhre liye chahat ab nahi rahi hai Wo song suna hai naa mohabbat bhi jaruri thi bichadna bhi jarurai tha to bas tumse bichadna jaruri tha, kyuki tumse dur ho kar hi maine bahut kuc paya hai.

Maaf maine aaj bhi tumhe nahi kiya hai aur naa hi kabhi karungi. Par tumse bichadna itna haseen hoga ye maine kabhi na socha tha. Pyar me humesha wahi karu jo tumhe pasand ho yesa jaruri to nahi tha.

Tum kaho to baithu tum kaho to uthu mai yesi gulam to nahi. Tumhe jo pasand ho wo mai bhi pasand karu yesa humesha mumkin to nahi. Hum thode nahi bahut alag the ek dusre se naa jane itne waqt tak kyu sath the ye pata hi nahi.

Humre mazhab bhi alag the, tum hindu aur hum muslim the. Tum me wo imaan nahi tha jo maine apne khuda se manga tha, haa shayad tum wo insan nahi the, jise khwabon me maine chaha tha. Pyar mai tumse itna karti thi lekin Khwabon me koi aur hi dikhta tha. Nahi pata kon dikhta tha lekin us insan ke sath mai khud ko namaz padte huye dekhti thi. Uska chehra muje nazar nahi aata par

haa wo tum nahi the. Tum mera roza nahi khulwa skte, tum mere sath namaz nahi pad sakte. Aaj sochti hu mai kitni galati pe thi. Ab sabse jada shukar aada tumhara karti hu mai, ki tumne muje mohabbat se jada apne mazhab se ishq karna sikhaya, kyuki mazhab se bahar har mohabbat juthi hoti hai ye ehsaas tumne hi to dilaya. Aaj nahi to kal mai kisi yese insan ki hongi jiske sath mai mohabbat ki kitab Quran ki tilawat karungi, jiske sath mai tahajjud padhungi aur wahi meri sachi Mohabbat hoga. Aaj kahi naa kahi

muje yesa lagta hai ki tum meri mohabbat kabhi the hi nahi, tum bas mera zaya waqt the. Mera ishq to kahi aur hi mera intezar kar raha hoga likh rahi hu mai is pal aur wo mere Allah ka sajda kar raha hoga..!!!

Last me mai kisi yese insan ke liye likhna chahti hu jise mai janti hi nahi jo bas mere khwabon me aata hai, Kon hai wo ye bhi nahi pata uska chehra humesha dhundla sa dikhta hai, kuc to ajeeb hota hai mere sath jo kbhi samaj aata hi nahi, Logo ki life unke khwabon ko badal deti hai par mere khwabon ne meri life badal di..!!!

" Kon ho tum jo mere khawbo me aate ho. kon sa saya ho jo humesha nazar aate ho tumhara is duniya me mujse koi rishta nahi to kyu tum mere har khawab me chaye ho. Kon ho tum kaha ho tum jo khawbo me ake muje namaz sikhate ho tum har jagah muje burkha pehna kar le jate ho. Jab mai naqab naa karu to tum khawb me aake muje hidayat de jate ho. Are ho kon tum kyu kabhi nahi batate ho.

Mai tumko nahi janti lekin fir bhi ajnabi tum muje kyu nahi lagte ho. Khwabo me mera hath pakad kar masjid tak tum hi laye ho tum mere itne ho gye. Ki maine apne ex me bhi tumko hi pana chaha. Kyu mai yaha tak ayi hu kahi tum hi to wajah nahi mere musalman hone ki. Apne ex se maine itna pyar kiya lekin aaj uske sath rehne ke khayal se hi mera dil ghabrata hai kahi kho naa du mai tumhe khawbo me, is baat se mera dil khauf khata hai. Namaz me jo mai galati kru to tum khawab me ake wo galti thik karwate ho, jada waqt tak gar jo mai namaz naa padu to tum khawab me mera hath pakad kar musalle tak le jate ho, roza ho jo mera aur mai jara si so kya jayu to tum mere liye iftaari leke aate ho muje nahi pata kon ho tum tumhara chehra bhi muje nahi dikhta par tumhara safed libas muje humesha yaad reh jata hai. kabhi kabhi hasi aati hai muje apne in khwabo pe kitne filmy se ye sound hote hai par humesha ye tumhre hone ka ehsaas dilate hai sab log mujse puchte hai kyu hu mai hindu hoke musalman kya khilbaad kar rahi hu apni life ke sath unke in sawalo ka mujpe koi jawab hota hi nahi hai kyuki mai to sirf tumhari hi sunti hu ek yese

insan ki jiske baare me mai khud janti nahi muje nahi pata ki mai is duniya me tumhe paa bhi payungi

yaa us duniya tak aana hoga tumhe paane ke liye badi ullaz si gyi hai meri life kiske intejar me mai baithi hu muje khud nahi pata dusro ke sawalo ka kya hi jawab du mai jab mere paas khud hi ke sawalo ka koi jawab hi nahi. Kyu tum duniyabi logo se muje talluk banane nahi dete ho baat karu bhi mai kisise to ab muje jada waqt tak koi acha lagta hi nahi hai kyuki mai unme bhi kahi na kahi tumhari hi chabbi dhundti hu, haa mai is duniya me kahi na kahi tumhe dhundti hu. Ek bandagi si mehsoos karti hu. Mai ab chote kapde pehne se khauf khati hu kahi naraz naa ho jao tum khawabo me aana naa chord do is baat se darti hu mai. Mai jo aur logo ke liye ladaku vimaan hu itni bereham hu unhe kya pata mai khawbo me

tumhare samne hath bandh ke sar jhuka ke khadi hoti hu itni sidhi to mai nahi jesi tumhare samne pesh aati hu. Itni ziddi hu mai jo kabhi kisi ki nahi sunti hu par khawabo me naa jane kyu mai tumhari har baat ko khamoshi se sunti hu. Mai itni paak daman bhi nahi jo tumhe paa saku farishte se ho tum mere liye

par fir bhi mai tumhe hi dhund rahi hu is duniya me naa jane kyu muje yesa lagta hai ki mai tumhe ek nazar me hi pehchan lungi tumhare aane pe..!!!

www.ingramcontent.com/pod-product-compliance
Lightning Source LLC
LaVergne TN
LVHW061604070526
838199LV00077B/7174